c
w oryginale
**wielkie
powieści**

Czytamy w oryginale

Arthur Conan Doyle
The Adventures of Sherlock Holmes
Przygody
Sherlocka Holmesa

Autor adaptacji:
Katarzyna Duda

Tłumaczenie adaptacji na język polski:
Redakcja

Projekt graficzny i ilustracje: Małgorzata Flis

Skład: Marek Szwarnóg

wydawnictwo 44.pl

Global Metro Sp. z o.o.
ul. Juliusza Lea 231
30-133 Kraków

ISBN: 978-83-63035-61-7

Druk i oprawa: OSDW Azymut Sp. z o.o.

czytamy
w oryginale

Arthur Conan Doyle

The Adventures
of Sherlock Holmes
Przygody
Sherlocka Holmesa

adaptacja w wersji angielsko-polskiej

wydawnictwo
44.pl

I. A SCANDAL IN BOHEMIA

Late one evening as I was passing by Sherlock's window, I decided to pay him a visit. He was working as usual, and, as it happens, he was expecting a new client.

When the man arrived, I was surprised by his appearance. He was a tall man wearing very expensive clothes and a mask. He spoke with a strong German accent and introduced himself as Count von Kramm speaking on behalf of the King of Bohemia. Before long, Sherlock discovered that the mysterious masked man was in fact the King himself using the disguise and a fake name in order not to be tracked by the press.

The problem he had was of a very delicate matter. About five years ago he had been in a close relationship with Irene Adler, a well-known adventurer, who still had some evidence of their relationship, such as papers, letters and a photograph. The King had tried to buy this evidence from her, but she wouldn't sell it. Five times he had arranged to have it stolen for him, but to no effect. The problem now was that he was soon

I. SKANDAL W BOHEMII

Przechodząc pod oknem Sherlocka pewnego późnego wieczora, zdecydowałem się złożyć mu wizytę. Jak zwykle pracował, oraz, jak to się często zdarzało, czekał na nowego klienta. Gdy klient się pojawił, bardzo zdziwił mnie jego wygląd. Był to wysoki mężczyzna mający na sobie bardzo drogie ubrania oraz maskę. Mówił z silnym niemieckim akcentem i przedstawił się jako książę von Kramm, który przyjechał w imieniu króla Czech. W krótkim czasie Sherlock odkrył, że tajemniczy zamaskowany mężczyzna był w istocie owym królem, korzystającym z przebrania oraz fałszywego nazwiska, aby uniknąć wyśledzenia przez prasę.

Jego problem był bardzo delikatnej natury. Około pięciu lat temu był w bliskim związku z Irene Adler, znaną ze swej bujnej przeszłości kobietą, która wciąż posiadała dowody ich związku, takie jak listy oraz fotografie. Król próbował odkupić od niej te dowody, jednak kobieta nie chciała ich sprzedać. Król pięć razy próbował je wykraść, jednak bez skutku. Problem polegał na tym, że w najbliższym czasie

to get married to the daughter of the King of Scandinavia, and he was afraid that Miss Adler would blackmail him by sending the evidence to the press on the day of his wedding.

Sherlock reassured the King that the papers and letter could be proven to be forgeries, but, unfortunately, the photo could not. However, Sherlock assured the King that he would do his best to win this picture back and do this in a most delicate way without the press finding out. After he took the address of the lady, the King left, and Sherlock and I arranged to meet the next day.

król miał poślubić córkę króla Skandynawii i obawiał się, że panna Adler będzie go szantażować, przesyłając dowody prasie w dniu jego ślubu.

Sherlock zapewnił króla, że dokumenty i list mogą zostać uznane za fałszywe, jednak niestety nie mogło to dotyczyć fotografii. Tym niemniej Sherlock uspokoił króla, że dołoży wszelkich starań, żeby zdobyć fotografię i to w taki sposób, aby nie dowiedziała się o tym prasa. Po przekazaniu Sherlockowi adresu panny Adler król wyszedł, zaś Holmes i ja ustaliliśmy, że zobaczymy się następnego dnia.

The next day when I showed up at Baker
Street, Sherlock hadn't yet arrived, but appeared shortly in the disguise of a drunk-
en-looking groom.

'I suppose you were watching the habits and
the house of Miss Adler,' I replied.

'Yes, exactly. And I have found out many
useful things about her. She lives a very quiet life, leaves her home in the morning and
then comes back every day at five. She has only
one visitor – a man named Mr Godfrey Norton, who is a lawyer. Nothing too interesting
so far, but listen to this. While I was hanging
around the house, I saw her leaving in a hurry
and shouting to the driver that he would get extra pay if he reaches the church of St. Monica
within 20 minutes. Of course I didn't hesitate
in getting into a carriage myself and following
her. When I got out in front of the church I
saw Mr Norton running towards me, and before I had realised it, he had grabbed me and
dragged me to the altar where Irene Adler was
already waiting. That is how I became a witness
of their secret marriage.'

'This is a very unexpected turn of affairs,' I
said. 'What now?'

Sherlock shared with me his plan, according to
which I was supposed to help him by going with
him to the house of Miss Adler (or most likely

Nazajutrz, gdy pojawiłem się na Baker Street, Sherlocka jeszcze nie było; pojawił się wkrótce potem w przebraniu stajennego, wyglądajacego na pijaka.

— Przypuszczam, że przyglądałeś się zwyczajom i domowi panny Adler — powiedziałem.

— Tak, dokładnie tak. I dowiedziałem się wielu przydatnych rzeczy na jej temat. Prowadzi bardzo spokojne życie; opuszcza dom rano i wraca codziennie o piątej. Odwiedza ją tylko jedna osoba — mężczyzna zwany Godfrey Norton, który jest prawnikiem. Na razie nic interesującego, ale posłuchaj tego. Gdy kręciłem się koło domu, zobaczyłem, jak panna Adler w pośpiechu wychodzi i krzyczy do woźnicy, że dostanie dodatkową zapłatę, jeżeli uda mu się dojechać do kościoła św. Moniki w ciągu dwudziestu minut. Oczywiście bez chwili wahania sam wsiadłem do powozu i podążyłem za nią. Gdy zajechałem przed kościół, zobaczyłem, że w moją stronę biegnie pan Norton i zanim się zorientowałem, chwycił mnie i pociągnął w stronę ołtarza, gdzie już siedziała Irene Adler. W taki właśnie sposób stałem się świadkiem ich potajemnego ślubu.

— To bardzo nieoczekiwany zwrot wydarzeń — powiedziałem. — Co teraz?

Sherlock podzielił się ze mną swoim planem, zgodnie z którym miałem pomóc mu idąc z nim do domu panny Adler (lub raczej

Mrs Norton) and then, on his signal, throw something into the room and shout 'fire!'. As I trust my friend's methods more than any other and do not have a single doubt that he is right in everything he does, I agreed to the plan.

Not long after, with Sherlock disguised as a priest, we made our way to Irene Adler's house and waited for her carriage to appear. But the moment she arrived, something rather unexpected happened.

pani Norton), a następnie, na jego sygnał, wrzucić coś do pokoju wołając „ogień!". Jako że bardzo ufałem metodom stosowanym przez mojego przyjaciela i nie miałem cienia wątpliwości, że ma rację we wszystkim, co robi, zgodziłem się na ten plan.

Niedługo potem, wraz z Sherlockiem przebranym za księdza, udaliśmy się do domu Irene Adler i czekaliśmy, aż pojawi się jej powóz. Jednak w momencie, gdy nadjechała, zdarzyło się coś raczej nieoczekiwanego.

The driver rushed to open the carriage door for her, hoping to get a tip, but was pushed away by a beggar also after some small change. They began fighting, and it was then that I saw Holmes come to life. He rushed over to protect the lady, and in the confusion, he fell to the ground holding his head.

Irene Adler rushed into the house and ordered her servants to bring the poor wounded man inside immediately. Holmes was laid on the sofa and the window was opened to let the fresh air in. Then, when nobody was looking, he raised his hand giving me the signal to throw a smoke rocket into the room.

'Fire!' I cried and threw the rocket in. All I could see in the clouds of smoke were running figures for a time, followed soon after by the calming voice of Holmes reassuring them that it was only a false alarm.

Soon Sherlock left the house thanking Irene for her help. On our way back home he explained everything that had taken place at Irene Adler 's house.

'You see Watson, when a woman thinks her house is on fire, her instinct is to rush to the things she values the most as to secure them. Now I know where she keeps the photograph. We shall visit her tomorrow with the assistance of the King himself and collect it.'

Kierowca pospieszył otworzyć jej drzwi, mając nadzieję na napiwek, jednak został odepchnięty przez żebraka, który też chciał dostać trochę drobnych. Zaczęli się bić; wtedy zobaczyłem, jak Holmes wkracza do akcji. Rzucił się, aby chronić damę, i w zamieszaniu upadł na ziemię trzymając się za głowę.

Irene Adler wbiegła do domu i rozkazała służącym wnieść zranionego mężczyznę do środka. Holmesa położono na sofie i otwarto okna, aby wpuścić trochę świeżego powietrza. Następnie, gdy nikt nie patrzył, Holmes uniósł rękę do góry dając mi znak, aby do pokoju wrzucić świecę dymną.

— Ogień! — krzyknąłem i wrzuciłem świecę. Jedyne, co mogłem dojrzeć przez chwilę w chmurach dymu, to zarysy biegających postaci; następnie usłyszałem uspokajający głos Holmesa, że to tylko fałszywy alarm.

Wkrótce potem Holmes opuścił dom dziękując Irene za pomoc. Podczas drogi do domu wytłumaczył mi wszystko, co wydarzyło się w domu Irene Adler.

— Widzisz, Watsonie, gdy kobieta myśli, że jej dom się pali, pierwszą rzeczą, którą robi, jest ratowanie rzeczy, które najbardziej ceni. Teraz wiem, gdzie trzyma fotografię. Odwiedzimy ją jutro w towarzystwie samego króla, aby ją odebrać.

Sherlock did as he planned, but to his great surprise when the three of us turned up at Irene Adler house, we were told that the lady had left England. But to his much greater surprise there was the photograph of her together with the King and a letter addressed to Sherlock himself.

'Dear Mr Holmes, you did very well. Until the alarm of fire I had no suspicions at all. Yet with all this, you forced me to reveal to you everything you wanted to know. As for the photograph, your client may feel safe. I'm in love now, and I'm loved by a man so much better then he. Until now I kept the photograph to secure myself, but it is all his now. He may do with it whatever he wishes.

Truly yours,
Irene Adler Norton.'

And so, a great scandal was avoided, the King could safely plan his marriage, and Sherlock was beaten by the wit of a woman. Since then I have never heard him laughing at a woman's wit — and when he spoke of Irene Adler, he always called her 'the woman'.

Sherlock zrobił tak, jak zaplanował, jednak ku jego wielkiemu zdziwieniu, gdy nasza trójka pojawiła się pod domem Irene Adler powiedziano nam, że pani opuściła Anglię. Ku naszemu jeszcze większemu zdziwieniu okazało się, że czekała na nas fotografia Irene i króla oraz list zaadresowany do Sherlocka.

„Drogi Panie Holmesie, świetnie się pan spisał. Do chwili zaalarmowania o pożarze nie miałam żadnych podejrzeń. Jednak przez to wszystko sprawił pan, że ujawniłam wszystko, co pragnął pan wiedzieć. Jeżeli chodzi o fotografię, pana klient może czuć się bezpieczny. Jestem teraz zakochana i kochana przez człowieka o wiele lepszego niż on. Do tej pory trzymałam fotografię, aby się zabezpieczyć, jednak teraz należy do niego. Może zrobić z nią co tylko zapragnie.

Z poważaniem,
Irene Adler Norton. "

I tak udało się uniknąć wielkiego skandalu; król mógł bezpiecznie planować swój ślub, a Sherlock został wystrychnięty na dudka przez kobietę. Od tamtej pory nigdy nie słyszałem, aby śmiał się z rozumu kobiety – a gdy wspominał Irene Adler, zawsze nazywał ją „niezwykłą kobietą."

II. A CASE OF IDENTITY

'Life is much stranger than anything which the mind of man could invent,' said Sherlock one day looking out of the window.

'I may have something interesting in a minute, for I have a new client, unless I am very much mistaken."

I walked up to him to have a look and saw a large woman wearing a heavy fur around her neck and looking nervously at Sherlock's window. Suddenly she hurried across the road and we heard the bell.

'I have seen these symptoms before. She would like some advice, but she is not sure whether the matter isn't too delicate.'

Just as these words were spoken, Miss Mary Sutherland was brought in.

'What was the matter in which you wanted to consult me, Madame?' Holmes asked his client, and Miss Sutherland started her story. She lived with her mother and her stepfather. Her real father was a plumber and had a business on Tottenham Court Road. After his death, her mother carried on the business, but then she

II. SPRAWA TOŻSAMOŚCI

Życie jest o wiele dziwniejsze niż wszystko to, co może wymyślić umysł ludzki — powiedział pewnego dnia Sherlock wyglądając przez okno.

— Za chwilę mogę mieć bardzo interesującą sprawę, ponieważ mam nowego klienta — chyba, że jestem w dużym błędzie.

Podszedłem do niego, aby popatrzyć na ulicę i zobaczyłem postawną kobietę w ciężkim futrzanym kołnierzu owiniętym wokół szyi, spoglądającą nerwowo na okno Sherlocka. Nagle przebiegła przez ulicę i usłyszeliśmy dzwonek.

— Widziałem te objawy już wcześniej. Pragnie otrzymać radę, ale nie jest pewna, czy sprawa nie jest zbyt delikatna.

Gdy wymawiał te słowa, do pokoju wprowadzono pannę Mary Sutherland.

— W jakiej sprawie pragnęła się pani ze mną skonsultować? — zapytał Holmes, zaś panna Sutherland rozpoczęła swoje opowiadanie. Mieszkała ze swoją matką i ojczymem. Jej prawdziwy ojciec był hydraulikiem i prowadził działalność na Tottenham Court Road. Po jego śmierci jej matka kontynuowała działalność, jednak gdy

married Mr Windibank, a man 15 years younger then herself, and following his advice, she had sold the business. Mr Windibank did business in wine and felt too superior to be the owner of a plumbing company, even though the income he had from wines was no more than what they used to gain from Mr Sutherland's business.

Young Miss Sutherland had a small sum of money left by her uncle, from which she could take the monthly interest, and, as well as this, she was bringing in some money by typing.

poślubiła pana Windibanka, mężczyznę od niej piętnaście lat młodszego, za jego poradą sprzedała zakład. Pan Windibank handlował winem i czuł, że bycie właścicielem zakładu hydraulicznego było zbyt uwłaczające, pomimo tego, że dochód z wina nie był większy niż to, co zarabiał zakład pana Sutherlanda.

Młoda panna Sutherland miała niewielką sumkę pieniędzy pozostawioną jej przez wuja, z której przysługiwało jej miesięczne oprocentowanie; ponadto zarabiała trochę przepisując teksty na maszynie.

Even though her father was dead, they were occasionally sent invitations to balls or meetings by his old friends. Mr Windibank didn't want to take part in any of these and didn't want his wife or stepdaughter to attend either. However, while he was away in France, Miss Sutherland decided to go to a ball, and there she met Mr Hosmer Angel, a cashier from an office in Leadenhall Street. They fell in love, wrote letters and saw a lot of each other during Mr Windibank's absence. At first they kept it a secret, but then they decided to get married, and Mr Angel came to their house for approval. As Mr Windibank was away at the time, Miss Sutherland's mother gave her approval.

'What office did he work for?' Sherlock interrupted her.

'That's the worst thing. I don't know, Mr Holmes. Neither do I know the address.'

'What address did you use then to send letters to him?'

'To the Leadenhall Post Office. I type-wrote them because he didn't want his colleagues to know he was receiving letters from a lady. He type-wrote his letters too."

Miss Sutherland continued her story saying that the wedding had been scheduled for Friday morning. Mr Windibank was in France again, so there was only her mother, the bride and the groom.

Choć jej ojciec nie żył, czasami jego starzy przyjaciele przesyłali im zaproszenia na bale lub spotkania. Pan Windibank nie chciał brać udziału w takich wydarzeniach, nie życzył sobie także, aby jego żona lub pasierbica uczestniczyły w nich. Jednak gdy przebywał we Francji, panna Sutherland postanowiła pójść na bal, gdzie spotkała pana Hosmera Angela, kasjera z biura przy Leadenhall Street. Zakochali się w sobie, pisywali do siebie listy i często się widywali podczas nieobecności pana Windibanka. Na początku trzymali wszystko w tajemnicy, jednak później zdecydowali się wziąć ślub i pan Angel przyszedł do ich domu po zgodę. Ponieważ pan Windibank był w tym czasie nieobecny, matka panny Sutherland dała im zgodę.

— Dla jakiego biura pracował? — przerwał jej Sherlock.

— To jest najgorsze. Nie wiem, panie Holmes. Nie znam także adresu.

— Z jakiego adresu korzystała pani, pisząc do niego listy?

— Urzędu pocztowego Leadenhall. Pisałam je na maszynie, bo nie chciał, aby jego koledzy z pracy wiedzieli, że otrzymuje listy od kobiety. On także pisał swoje na maszynie.

Panna Sutherland kontynuowała swoją opowieść mówiąc, że ślub zaplanowano na piątek rano. Pan Windibank był znów we Francji, więc była tylko jej matka, ona i pan młody.

Mrs Windibank and Miss Sutherland took a carriage to the church and, as there were only two seats, Mr Angel took another.

'We reached the church first and were waiting for him. But when the carriage drove up, there was nobody in it but the driver. This was last Friday, Mr Holmes, and I haven't heard a word from him since then,' she finished with tears in her eyes.

Pani Windibank oraz panna Sutherland przyjechały do kościoła powozem, a ponieważ były w nim tylko dwa miejsca, pan Angel pojechał innym.

— Przyjechałyśmy pierwsze i czekałyśmy na niego. Jednak gdy powóz podjechał pod kościół, nie było w nim nikogo, oprócz woźnicy. To było w ostatni piątek, panie Holmes, i od tego czasu nie miałam od niego żadnej wiadomości — zakończyła ze łzami w oczach.

'It seems you have been shamefully treated,' Holmes commented.

'Oh no! He was too good to leave me like this,' she protested.

'What did your mother say about this?' he asked.

'She was angry and refused to talk about that matter.'

'And your stepfather?'

'He seemed to think that something had happened to Hosmer, but he forbade me to go to the police or talk to you about it.'

'All right, Miss Sutherland, I'll look closer into your case, but take my advice and let Mr Angel vanish from your memory and heart as he vanished from your life.'

Miss Sutherland was very sad to hear this, but she left an advertisement she had put in one of the papers and some letters from him. Holmes also asked her to leave him the address of her stepfather's office and repeated his advice.

'I shall be true to Hosmer,' she answered and left.

Holmes then had a closer look at both the advertisement and the letters. The advertisement stated that Mr Angel had a moustache and wore tinted glasses. Looking at the letters he noticed that even the signature of Hosmer was type-written, and so he decided to write two letters

— Wydaje się, że została pani haniebnie po-
traktowana — skomentował Holmes.

— Och, nie! On był zbyt dobry, aby tak mnie
zostawić! — zaprotestowała.

— Co powiedziała o tym pani matka?
— zapytał.

— Była zła i nie chciała o tej sprawie
rozmawiać.

— A pani ojczym?

— Tak jaby myślał, że Hosmerowi coś się
przydarzyło, jednak zabronił mi pójść na poli-
cję, a także rozmawiać o tym z panem.

— W porządku, panno Sutherland, przyjrzę
się bliżej tej sprawie, jednak proszę iść za moją
radą i pozwolić, aby pan Angel zniknął z pani
serca tak, jak zniknął z pani życia.

Słysząc to panna Sutherland bardzo posmutnia-
ła, jednak zostawiła ogłoszenie, które dała do jednej z gazet oraz kilka listów od niego. Holmes
poprosił ją też, by zostawiła adres biura ojczyma
i powtórzył swoją dobrą radę.

— Będę wierna Hosmerowi — odpowiedziała
i wyszła.

Następnie Holmes przypatrzył się dokładnie ogłoszeniu i listom. W ogłoszeniu napisa-
ne było, że pan Angel miał wąsy i nosił przy-
ciemnione okulary. Patrząc na listy zauważył,
że nawet podpis pana Hosmera był pisany na
maszynie, więc postanowił napisać dwa listy,

that would settle the matter - one to the firm in the city and another one to Mr Windibank, inviting him for a small talk the following evening.

The next day I came and asked him:

'Have you solved it?'

'Oh, yes!'

'Who was he then, and what did he want with Miss Sutherland?'

But Sherlock didn't manage to answer my question because Mr James Windibank, the girl's stepfather, entered the room.

'Good evening, Mr Windibank. I have received a type-written letter from you confirming today's visit. As you know, your daughter asked me to help in finding her fiancé. And I have every reason to believe that I will succeed in discovering this mystery.'

'I'm delighted to hear it,' he said rather angrily.

'There is a very interesting thing I would like to draw your attention to. In the letter you sent me I found that the 'r' is slightly unclear, as well as there being a mark over every 'e'.'

'That is the type-machine from the office,' he said nervously.

'But what is really interesting is that there are exactly the same marks on the letters typed by Mr Angel.'

które rozwiązałyby sprawę – jeden do firmy w mieście, zaś drugi do pana Windibanka, z zaproszeniem na małą pogawędkę następnego wieczoru.

Nazajutrz, gdy go odwiedziłem, zapytałem:

— Rozwiązałeś zagadkę?

— Och, tak!

— Więc kto to był i czego chciał od panny Sutherland?

Jednak Sherlock nie zdążył odpowiedzieć na moje pytanie, ponieważ do pokoju wszedł pan James Windibank, ojczym dziewczyny.

— Dobry wieczór, panie Windibank. Otrzymałem od pana list pisany na maszynie potwierdzający pańską wizytę. Jak pan wie, pana córka poprosiła mnie o pomoc w odnalezieniu jej narzeczonego. Mam wiele powodów, aby podejrzewać, że uda mi się rozwiązać tę zagadkę.

— Bardzo miło mi to słyszeć — stwierdził pan Windibank nieco rozzłoszczony.

— Jest pewna ciekawa rzecz, na którą chciałbym zwrócić pana uwagę. W liście, który mi pan przesłał, zauważyłem, że litera „r" jest nieco zamazana i nad każdą literą „e" znajduje się mała plamka.

— To maszyna z biura — odpowiedział zdenerwowany.

— Jednak najbardziej interesujące jest to, że dokładnie takie same znaki widać w listach pisanych przez pana Angela.

'I cannot waste my time over such ridiculous talk, Mr Holmes. Catch the man and let me know.' Mr Windibank sprang from his chair intending to leave.

'But I've already caught him,' Sherlock replied with a calm satisfaction easily heard in his voice. Then he explained to us both the whole mystery.

Mr Windibank had known that Mary's marriage would cause a loss of money from their monthly income, and he did all he could to keep Mary at home by forbidding her to go to the parties. Once she had finally decided to go to the ball, he disguised himself and, with a help of his wife, became the young Mr Hosmer Angel, whose only job was to make Mary fall in love with him and therefore keep off other lovers. Unfortunately Miss Sutherland turned out to be an affectionate person and wanted the marriage, which would spoil the whole plan.

So the mystery was solved, and Mr Windibank left a free, but rather ashamed, man. There was no evidence to punish him, and so he was only left with a terrible feeling of guilt for playing so heartlessly with a young girl's feelings.

— Nie zamierzam marnować czasu na tak dziwaczne rozmowy, panie Holmes. Niech pan złapie tego mężczyznę i da mi znać. — Pan Windibank wstał gwałtownie z krzesła, zamierzając wyjść.

— Ale ja już go złapałem — odpowiedział Holmes z zadowoleniem, które można było usłyszeć w jego głosie. Następnie wytłumaczył nam całą zagadkę.

Pan Windibank zdawał sobie sprawę, że małżeństwo Mary oznaczałoby utratę pieniędzy z ich miesięcznego dochodu i starał się robić, co tylko mógł, aby zatrzymać Mary w domu, zabraniając jej chodzenia na przyjęcia. Gdy w końcu zdecydowała się pójść na bal, przebrał się i z pomocą żony stał się panem Hosmerem Angelem, którego jedynym zadaniem było rozkochać w sobie Mary, a tym samym trzymać z dala od innych adoratorów. Jednak panna Sutherland okazała się być uczuciową osobą i zapragnęła małżeństwa, co zepsułoby cały plan.

Zagadka została rozwiązana, zaś pan Windibank opuścił nas jako wolny, choć zawstydzony człowiek. Nie było dowodów, by go ukarać, pozostał jedynie z okropnym poczuciem winy z powodu igrania bezdusznie z uczuciami młodej dziewczyny.

III. THE BOSCOMBE VALLEY MYSTERY

'Do you have a couple of days to spare, my dear Watson? I am about to go to Boscombe Valley to solve the case of the son of a murdered man. I would be delighted to have you with me to have somebody to share my observations with.'

I willingly agreed to Sherlock's offer, and he briefly went over the details of the case.

The story involved the two families of Mr John Turner and Mr Charles McCarthy. They met while working in a gold mine in the British Colonies in Australia. They both became incredibly rich and brought their new found wealth back to England where they settled in Boscombe Valley. Of the two, Turner was richer and McCarthy became his tenant. They were both widowers, Turner had an 18-year-old daughter and McCarthy had a son of the same age.

On Monday, 3rd of June, McCarthy left his house at Hatherley Farm going in the direction of the Boscombe Pool, but he never came back. There were two witnesses who confessed seeing him walking alone, one of whom added

III. TAJEMNICA DOLINY BOSCOMBE

Drogi Watsonie, czy masz kilka wolnych dni? Jadę właśnie do doliny Boscombe, aby zająć się sprawą syna pewnego zamordowanego człowieka. Bardzo chciałbym, abyś pojechał ze mną – miałbym kogoś, z kim mógłbym dzielić się moimi obserwacjami.

Chętnie przyjąłem propozycję Sherlocka, a on pokrótce wyjaśnił mi szczegóły sprawy.

Rzecz dotyczyła dwóch rodzin: rodziny pana Johna Turnera oraz rodziny pana Charlesa McCarthy. Panowie poznali się podczas pracy w kopalni złota w brytyjskiej kolonii w Australii. Obaj stali się niewiarygodnie bogaci i przywieźli swoje bogactwo do Anglii; osiedlili się w dolinie Boscombe. Jeden z nich, pan Turner, był bogatszy, zaś McCarthy został jego dzierżawcą. Obaj byli wdowcami. Turner miał osiemnastoletnią córkę, zaś McCarthy syna w tym samym wieku.

W poniedziałek, 3 czerwca, McCarthy opuścił dom w Hatherley Farm i udał się w kierunku stawu Boscombe, jednak nigdy nie wrócił. Dwaj świadkowie zeznali, że widzieli, jak idzie sam; jeden ze świadków dodał,

that he saw the son, James McCarthy, walking in the same direction as his father a little later. They were also seen in the woods by a 14-year-old girl, who saw them arguing. Soon after, she saw the young McCarthy running and screaming for help because he had found his father dead in the woods. The dead man looked as if somebody had beaten him on the head with a heavy, blunt weapon. There was nothing around the body but Jame's gun.

że zobaczył, jak jego syn, James McCarthy, udał się nieco później w tym samym kierunku. W lesie widziała ich także 14-letnia dziewczynka – była świadkiem ich kłótni. Wkrótce potem zobaczyła, jak młody McCarthy biegnie i woła o pomoc, ponieważ znalazł ojca martwego w lesie. Nieboszczyk wyglądał tak, jakby ktoś uderzył go w głowę ciężkim tępym narzędziem. W pobliżu ciała nie znaleziono niczego oprócz broni Jamesa.

James was immediately arrested but denied committing such a terrible crime. In his statement he said that he had come back from a three-day trip from Bristol, and, as his father hadn't been at home, he had gone over to the rabbit warren. On his way there he saw his father standing by Boscombe Pool and approached him to have a talk, but Mr McCarthy seemed surprised to see his son, and they had started to argue over a matter which the suspect didn't want to reveal. After the argument James left, but shortly afterwards he came back hearing his father's scream.

Not long after we checked into the hotel room, there was a visitor for us. It was the daughter of Mr Turner.

'Oh Mr Holmes! I know James didn't do it! I have come to tell you this.'

'But you have read the evidence.'

'But these charges are absurd. And the reason why he doesn't want to say anything about their argument is because I'm involved in it.'

'In what way?' asked Holmes.

'James and I have known each other since we were children, and we love each other like brother and sister, but his father wanted us to get married.'

'Was your father in favour of the marriage?'

'No, only James' father wanted this marriage to happen.'

James został natychmiast aresztowany, jednak zaprzeczył, że popełnił tak straszną zbrodnię. W swoim oświadczeniu poinformował, że przyjechał z trzydniowej wycieczki z Bristolu, a że nie zastał ojca w domu, postanowił pójść w okolice nor dzikich królików w lesie. W drodze zobaczył ojca stojącego nad stawem Boscombe i zbliżył się do niego, jednak pan McCarthy wydawał się być zdziwiony widząc syna i zaczęli kłócić się o sprawę, której podejrzany nie chciał wyjawić. Po kłótni James odszedł, jednak zaraz potem wrócił, słysząc krzyk ojca.

Niedługo po zameldowaniu się w hotelu mieliśmy gościa. Była to córka pana Turnera.

— Och, panie Holmesie! Wiem, że James nie zrobił tego! Przyszłam, aby to panu powiedzieć.

— Ale zna pani dowody.

— Te zarzuty są absurdalne. A James nie chce powiedzieć nic na temat kłótni dlatego, że ja jestem uwikłana w tę sprawę.

— W jaki sposób? — zapytał Holmes.

— James i ja znamy się odkąd byliśmy dziećmi i kochamy się jak brat i siostra, jednak jego ojciec chciał, żebyśmy się pobrali.

— Czy twój ojciec też chciał tego małżeństwa?

— Nie, tylko ojciec Jamesa chciał, żebyśmy wzięli ślub.

'Can I talk to your father, then?'

'If only the doctor allows it.'

'A doctor?'

'Yes, he's very ill. He only has a few months to live.'

Sherlock assured Miss Turner that he would do everything to clear James McCarthy's reputation if he is truly innocent. We then both left to go and examine the scene of the crime.

— Czy mógłbym pomówić więc z pani ojcem?

— Tylko jeżeli zgodzi się na to lekarz.

— Lekarz?

— Tak, ojciec jest bardzo chory. Zostało mu tylko kilka miesięcy życia.

Sherlock zapewnił pannę Turner, że uczyni wszystko, aby oczyścić reputację Jamesa McCarthy, o ile jest on naprawdę niewinny. Potem obaj poszliśmy zbadać miejsce zbrodni.

The traces left there revealed to Holmes that the old man was murdered with a big stone by a left handed man who has a limp on the right leg. I myself didn't have the slightest idea how he came to these conclusions. Holmes also paid a visit to the prisoner to hear the whole story directly from him in person.

James McCarthy retold him what we had already read in his statement, but there was something else: even though he was in love with Alice Turner, about two years earlier he had married a barmaid from Bristol, which is where he had spent the three days before the murder of his father. There was another fact that only reassured Sherlock in his opinion of a third person – the real murderer. Young McCarthy, while running to see what had happened to his father, noticed some kind of a grey material lying on the grass very close to the edge of the woods, but it was gone when he looked around later. Sherlock kept quiet about these but back at the hotel simply said:

'We are about to go back to London my dear Watson, on the evening train.'

'And leave the case unfinished?' I looked at him shocked.

'It is finished.'

'But the mystery?'

'It is solved.'

'So who is the criminal?' I asked surprised.

Ślady tam pozostawione wskazały Holmesowi, że starszy pan został zamordowany dużym kamieniem przez leworęcznego człowieka kulejącego na prawą nogę. Nie miałem najmniejszego pojęcia, jak on doszedł do tych wniosków. Holmes odwiedził także więźnia, aby usłyszeć całą historię bezpośrednio od niego.

James McCarthy powiedział mu ponownie to, co czytał w jego oświadczeniu, jednak ujawnił coś jeszcze: pomimo, że kochał Alice Turner, mniej więcej dwa lata wcześniej poślubił kelnerkę z Bristolu, miejsca, w którym spędził trzy dni przed morderstwem ojca. Był jeszcze jeden fakt, który upewnił Sherlocka w jego przeświadczeniu o udziale osoby trzeciej – prawdziwego mordercy. Młody McCarthy, biegnąc, aby zobaczyć, co stało się ojcu, zauważył coś w rodzaju szarego materiału leżącego na trawie bardzo blisko granicy lasu; jednak gdy rozglądał się później, materiału już nie było. Sherlock nic nie powiedział na ten temat, jednak po powrocie do hotelu rzekł:

— Wracamy do Londynu wieczornym pociągiem, mój drogi Watsonie.

— I zostawiamy sprawę niedokończoną? — popatrzyłem na niego zdziwiony.

— Sprawa jest dokończona.

— A zagadka?

— Rozwiązana.

— Więc kto zabił? — spytałem zdziwiony.

'Mr John Turner for Mr Sherlock Holmes,' cried the hotel porter opening the door before the tall impressive figure of man who, slowly limping, approached our table.

'You got my note?' Sherlock asked him.

'Yes, Holmes. You wanted to see me if I wished to avoid a scandal.'

And during a short conversation the whole truth was revealed. Mr Turner and Mr McCarthy had met in Australia not as gold miners, but in totally different circumstances. John Turner was known back then as Black Jack of Ballarat, and together with his band of thieves, he used to stop the gold convoys and rob them.

— Pan John Turner do pana Sherlocka Holmesa — zawołał portier hotelowy, otwierając drzwi
przed wysokim postawnym mężczyzną, który,
nieco utykając, zbliżył się do naszego stolika.
— Czy dostał pan mój list? — spytał Sherlock.
— Tak, Holmes. Chciał się pan zobaczyć ze
mną, jeżeli pragnę uniknąć skandalu.
Podczas krótkiej rozmowy ujawniona została cała prawda. Pan Turner i pan McCarthy
spotkali się w Australii nie jako poszukiwacze
złota, a w zupełnie innych okolicznościach.
John Turner był wtedy znany jako Black Jack
of Ballarat i razem ze swoją bandą złodziei ra-
bował konwoje przewożące złoto.

Once, during such a robbery, there was a fight, and although three of his band were shot by the convoy, he spared the life of the driver – Charles McCarthy. Years passed, Turner came back to England, bought land and lived an honest life until he met McCarthy again. McCarthy black-mailed Turner, threatening him that he would reveal the whole truth to the police if he didn't get financial support for his son and himself. As such, they lived rent free on Turner's best land and had anything they needed or wished for. It lasted until McCarthy came up with the idea of the marriage of their children. This was something Turner would never agree to and so had planned the murder in the woods.

On our way back home I asked Sherlock:

'How did you work all this out?'

'Elementary, my dear Watson, elementary. You know my method, dear boy, observance of trifles.'

Turner's statement had been written down and handed to the high court, and James Mc-Carthy was released from prison. Turner him-self didn't suffer any imprisonment as he died shortly after the mysterious murder of Charles McCarthy was solved by Sherlock Holmes.

Pewnego razu podczas takiej akcji wywiązała się bójka i pomimo że trzech złodziei zostało zastrzelonych przez konwojentów Turner darował życie kierowcy — Charlesowi McCarthy. Upłynęły lata, Turner powrócił do Anglii, kupił ziemię i żył spokojnie aż do momentu ponownego spotkania z McCarthym. McCarthy szantażował Turnera grożąc mu, że ujawni całą prawdę policji, jeżeli nie otrzyma wsparcia finansowego dla siebie i dla swojego syna. Żyli więc na ziemi Turnera nie ponosząc żadnych opłat i otrzymywali wszystko, co tylko chcieli. Trwało to do momentu, gdy McCarthy wpadł na pomysł małżeństwa dzieci. Było to coś, na co Turner nigdy by się nie zgodził i dlatego zaplanował morderstwo w lesie.

Podczas drogi do domu zapytałem Sherlocka:

— W jaki sposób do tego doszedłeś?

— W podstawowy, mój drogi Watsonie. Znasz moją metodę, drogi chłopcze — obserwacja szczegółów.

Oświadczenie Turnera zostało spisane i dostarczone do sądu, zaś James McCarthy został zwolniony z więzienia. Turner nie poszedł za kratki, ponieważ zmarł wkrótce po rozwiązaniu tajemniczego morderstwa Charlesa McCarthy przez Sherlocka Holmesa.

IV. THE MAN WITH THE TWISTED LIP

One evening in search of one of my patients, Isa Withney, who had got addicted to the terrible habit of smoking opium, I ended up in Upper Swandam Lane. After finding him there at a place called the 'Bar of Gold' and persuading him to come back home to his wife, I heard somebody saying to me in a low whisper:

'Walk past me, and then look back at me.'

I examined the stranger carefully, and after a moment I recognised my dear friend Sherlock Holmes in disguise.

'Holmes, my Lord! What are you doing in here?!' I cried in surprise.

'Hush, be as quiet as you can.'

We left the horrible place and made our way to the Cedars where Sherlock was staying in Mrs St Clair's house as he was in the process of solving a case involving her husband. On the way Sherlock gave me an account of the mystery.

Mr Neville St. Clair had led a very normal life and hadn't done anything which anyone could describe as strange for the past three years. He had no occupation, but every day he used to leave his house

IV. CZŁOWIEK Z WYWINIĘTĄ WARGĄ

Pewnego dnia, poszukując jednego z moich pacjentów, Isy Withney, który uzależnił się od palenia opium, znalazłem się na Upper Swandam Lane. Znalazłszy go w miejscu zwanym „Złoty bar" i przekonawszy go, aby wrócił do domu do żony, usłyszałem jak ktoś do mnie mówi szeptem:

— Przejdź obok mnie, odwróć się i spójrz na mnie.

Uważnie popatrzyłem na nieznajomego i po chwili poznałem mojego drogiego przyjaciela, Sherlocka Holmesa w przebraniu.

— Holmes, na Boga! Co ty tutaj robisz? — wykrzyknąłem w zdumieniu.

— Ciii, bądź tak cicho, jak tylko potrafisz.

Opuściliśmy to okropne miejsce i udaliśmy się do Cedars, gdzie Holmes zatrzymał się w domu pani St. Clair, jako że był w trakcie rozwiązywania sprawy związanej z jej mężem. W drodze Sherlock opowiedział mi pokrótce o sprawie.

Pan Neville St. Clair prowadził normalne życie i w ciągu ostatnich trzech lat nie zrobił niczego, co można by opisać jako dziwne zachowanie. Nie miał pracy, jednak każdego dnia wychodził z domu

in the morning and come back home about five in the afternoon. He had many friends in the neighbourhood, and he was known as an affectionate husband and a good father.

Last Monday though, he left home earlier than usual, telling his wife that he had some matters to deal with, but also that he planned to bring home some toy bricks for his boy. After he had left home, his wife received a telegram stating that a parcel had arrived for her and was waiting to be collected. Mrs St. Clair went into the city and got the parcel. While walking down Swandam Lane on her way home, she heard a cry and saw Neville's face in the second-floor window in the same building as the opium den. He waved to her, but then suddenly his face disappeared as if he had been pulled back inside by someone. Naturally worried by this, she rushed to check what had happened only to be pushed out into the street by a man running out of the building. Feeling that something must be wrong, she rushed to find a policeman. On arrival, it was clear to see that the only person around was the well-known cripple, Hugh Boone. Mr St. Clair was nowhere to be seen, but his clothes were found behind a curtain, the box with the toy for his son on the table, and there were traces of blood on the floor in the bedroom and on the window-sill. The victim's coat was found in the river with the pockets full of coins, so naturally the police came to the conclusion

rano i wracał do niego około piątej po południu. Miał wielu przyjaciół w okolicy i był znany jako czuły mąż i dobry ojciec.

Jednak ostatniego poniedziałku opuścił dom wcześniej niż zwykle mówiąc żonie, że ma kilka spraw do załatwienia, a także, że ma zamiar przynieść kilka zabawek dla synka. Po tym, jak mąż opuścił dom, jego żona otrzymała telegram informujący, że czeka na nią paczka. Pani St. Clair poszła do miasta i odebrała paczkę. Idąc wzdłuż Swandam Lane w stronę domu usłyszała krzyk i zobaczyła twarz pana Neville w oknie na drugim piętrze tego samego budynku, w którym znajdował się podejrzany bar. Neville pomachał do niej, jednak chwilę potem jego twarz nagle zniknęła, jak gdyby ktoś odciągnął go od okna. Zaniepokojona tym, co zobaczyła, kobieta popędziła sprawdzić, co się stało, jednak została zepchnięta na ulicę przez mężczyznę wybiegającego z budynku. Czując, że dzieje się coś złego, pobiegła po policjanta. Po przybyciu na miejsce okazało się, że jedyną osobą obecną na miejscu był znany w mieście kaleka, Hugh Boone. Pana St. Claira nigdzie nie było, jednak za zasłoną znaleziono jego ubrania, pudełko z zabawką dla syna na stole, zaś na podłodze w sypialni oraz na parapecie widniały ślady krwi. Płaszcz ofiary znaleziono w rzece z kieszeniami pełnymi monet, więc policja naturalnie doszła do wniosku,

that the body of Neville St Clair must also have been thrown into the river through the window.

The police were sure it wasn't Hugh Boone. He was always easy to spot as he had bright orange hair, a horrible scar on his upper lip and was always seen selling matches on the street. But, having no other suspects, the police arrested him and took him in for questioning.

że ciało pana Neville'a St. Clair także zostało wrzucone do rzeki przez okno.

Policja była pewna, że zbrodni nie popełnił Hugh Boone. Był bardzo łatwo rozpoznawalny, bo miał jasnopomarańczowe włosy, straszną bliznę na górnej wardze i zawsze widywano go, jak sprzedawał zapałki na ulicy. Jednak z braku innych podejrzanych policja aresztowała go i zabrała na przesłuchanie.

Sherlock finished telling me the details of this mystery just as we reached Mrs St Clair's house. Our host served us dinner and asked Holmes:

'Do not worry about my feelings. I need to know your honest opinion.'

'Upon what point Madam?' Holmes asked.

'Do you think that Neville is alive?'

'Frankly, madam, no, I don't think so.'

'Murdered?'

'Perhaps.'

'On Monday?'

'Probably.'

'So explain to me, please, how come I have received a letter from him today?'

'May I see it?' Sherlock was obviously surprised by the news.

He examined the letter carefully and noticed that although the writing in the letter did in fact belong to the victim, the one on the envelope didn't, and as there was no stamp, the letter must have been brought by a messenger. In the letter, Neville explained his disappearance by some troubles that might last a couple of days.

Sherlock then discussed, once again, every single detail of the case with Mrs St Clair and spent the whole night pacing up and down his room, smoking his pipe and trying to draw conclusions in order to solve the mystery.

At 6 am I awoke to find him standing over me.

Sherlock skończył opowiadać mi szczegóły tej za-
gadki akurat, gdy dotarliśmy do domu pani St. Clair.
Gospodyni podała nam obiad i rzekła do Holmesa:
— Proszę się nie przejmować moimi uczuciami.
Chcę znać pana szczere zdanie.
— Na jaki temat, droga pani? — zapytał Holmes.
— Czy myśli pan, że Neville żyje?
— Szczerze mówiąc, nie sądzę.
— Został zamordowany?
— Być może.
— W poniedziałek?
— Prawdopodobnie.
— Więc proszę mi wytłumaczyć, dlaczego otrzy-
małam dziś list od niego?
— Czy mogę go zobaczyć? — Sherlock był w wi-
doczny sposób zaskoczony tą wiadomością.

Uważnie przestudiował list i zauważył, że choć
pismo w liście rzeczywiście należało do ofiary,
to na kopercie już nie, i ponieważ nie było żadnego znaczka, musiał zostać przyniesiony przez
posłańca. W liście Neville tłumaczył swoje znik-
nięcie, które mogło potrwać kilka dni, jakimiś
kłopotami.

Następnie Sherlock jeszcze raz przedyskutował
każdy szczegół sprawy z panią St. Clair i spędził
całą noc spacerując po pokoju, paląc fajkę i próbu-
jąc wyciągnąć wnioski w celu rozwiązania zagadki.

O szóstej rano obudziłem się i zobaczyłem, że
Holmes stoi nade mną.

'I may be the biggest fool in Europe! But I may have the key to the mystery now. Will you come with me?'

'So where is the key?'

'In the bathroom,' he answered, but added nothing more and closed the front door behind us. Once again I was totally confused.

From Mrs St Clair's house we went directly to the police station where Holmes asked to be allowed to see the suspect Hugh Boone.

'He gives us no trouble, but he's a dirty beggar alright. He's washed his hands, but his face is still as black as a chimney- sweep's,' the police officer said as he showed Holmes to Boone's cell. The suspect was lying there sound asleep.

'Yes, he definitely needs a wash. How good of me that I brought the necessary equipment with me,' said Holmes with a grin on his face.

To everyone's amazement, Holmes took out big sponge, got it wet and started forcefully rubbing the prisoner's face with it. After some time Sherlock stood back and announced:

'Gentlemen, let me introduce you to Mr Neville St. Clair.'

Boone's face had been peeled off, and behind the fake scar and dirt, there was the face of the missing man.

Neville, terrified by suddenly being revealed, told us the whole truth as follows: As a young man he had had many different jobs, among others an actor

— Może jestem największym głupcem w Europie! Ale chyba mam klucz do zagadki. Idziesz ze mną?

— Więc gdzie jest ten klucz?

— W łazience — odpowiedział. Jednak nie dodał nic więcej i zamknął za nami frontowe drzwi. Znów byłem zupełnie zdezorientowany.

Z domu pani St. Clair poszliśmy prosto na posterunek policji, gdzie Holmes poprosił o pozwolenie na odwiedziny u Hugh Boone'a.

— On nie sprawia nam kłopotów, ale to strasznie brudny żebrak. Umył ręce, ale twarz ma dalej czarną jak kominiarz — powiedział policjant prowadząc Holmesa do celi Boone'a. Podejrzany leżał pogrążony w głębokim śnie.

— Tak, rzeczywiście przydałaby mu się kąpiel. Jak to dobrze, że przyniosłem potrzebne wyposażenie — powiedział Holmes z szerokim uśmiechem na ustach.

Ku wielkiemu zdziwieniu wszystkich Holmes wyjął dużą gąbkę, zmoczył ją i zaczął na siłę trzeć twarz więźnia. Po jakims czasie Sherlock odsunął się i ogłosił:

— Panowie, pozwólcie mi przedstawić pana Nevilla St. Clair.

Twarz Boone'a zniknęła, a pod sztuczną blizną i brudem pojawiła się twarz zaginionego człowieka.

Neville, przerażony odkryciem jego tajemnicy, wyjawił nam całą prawdę: jako młody chłopak imał się różnych zajęć; był między innymi aktorem

and a journalist. Working for a newspaper, he was once assigned to write an article about beggars and street-sellers. To carry out his research successfully he made use of his make-up skills and became one himself for a couple of days. Some time later he was desperately in need of money, and the job of a street-seller seemed like an easy way of earning a bit of extra cash. As years passed he became loved by the community and, as such, earned quite a good living.

oraz dziennikarzem. Gdy pracował dla pewnej gazety, wyznaczono mu zadanie napisania artykułu o żebrakach i ulicznych sprzedawcach. Aby dobrze wywiązać się z zadania, użył swoich zdolności charakteryzatorskich i na kilka dni stał się jednym z nich. Jakiś czas potem bardzo potrzebował pieniędzy, więc praca sprzedawcy ulicznego wydawała się łatwym sposobem na zarobienie dodatkowej gotówki. Z upływem lat stał się lubiany wśród lokalnej społeczności i zarabiał dobre pieniądze.

He used the disguise to protect his family from the embarrassment, but there was one man who knew his secret, the one who pushed Mrs St Clair onto the street to stop her from seeing her husband.

That day when St. Clair saw and waved to his wife, he didn't realise his wife may come over to the building and discover his secret life. Frightened that she would discover the truth, he put his disguise on, threw his coat out through the window and accidentally cut himself. In the end, as he didn't want his wife to worry so much, he wrote the letter which helped Sherlock to solve this case.

There was no missing man, and there was no crime, but there was another adventure solved by the famous detective.

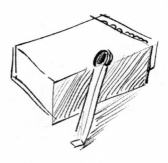

Używał przebrania, aby ochronić swoją rodzinę przed wstydem; był jednak jeden człowiek, który znał jego tajemnicę — człowiek, który odepchnął panią St. Clair na ulicę, aby nie dopuścić do tego, by zobaczyła męża.

Tego dnia, gdy St. Clair dostrzegł żonę i pomachał do niej, nie zdawał sobie sprawy, że kobieta może przyjść do budynku i odkryć jego tajemne życie. Przestraszony, że odkryje prawdę, założył przebranie, wyrzucił przez okno swój płaszcz i przez przypadek się zranił. W końcu, nie chcąc, aby żona zbytnio się martwiła, napisał list, który pomógł Sherlockowi rozwiązać zagadkę.

Nie było żadnego zaginionego człowieka i nie było żadnej zbrodni, ale była kolejna zagadka, która została rozwiązana przez sławnego detektywa.

V. THE BLUE CARBUNCLE

The second morning after Christmas, I decided to visit my old friend Sherlock Holmes and found him sitting on the sofa with a big, old, torn hat lying on the chair next to him.

The mysterious hat looked like the beginning of an interesting case but was only something Peterson, the doorman, came across in an extraordinary way. While Peterson was coming home on Christmas morning, he saw a man whose hat had been knocked off his head. He was carrying a big fat goose, and when he raised his stick to reach the hat, he smashed a shop window. Peterson, who saw the whole situation, wanted to defend him in case of any accusations, but the stranger, seeing Peterson approaching, ran away, leaving the hat and goose. So Peterson became the owner of the Christmas goose, and Sherlock the owner of the old hat.

While I was listening to this adventure, Peterson himself arrived at Baker street.

'The goose, Mr Holmes! The goose!' he cried.

'What of it?'

'Look what was inside the bird!'

V. BŁĘKITNY KARBUNKUŁ

Drugiego ranka po Bożym Narodzeniu postanowiłem odwiedzić mojego przyjaciela Sherlocka Holmesa. Zastałem go siedzącego na sofie, a na krześle obok leżał duży, stary i podarty kapelusz. Tajemniczy kapelusz wyglądał jak początek interesującej sprawy, jednak okazało się, że jest tylko kapeluszem, który portier Peterson znalazł w nieco niecodzienny sposób. Gdy Peterson szedł do domu w świąteczny poranek, zobaczył mężczyznę, któremu wiatr zerwał z głowy kapelusz. Niósł on dużą, tłustą gęś i kiedy podniósł laskę, aby sięgnąć po kapelusz, rozbił szybę wystawową sklepu. Peterson, który widział całe zajście, chciał go obronić w przypadku jakichkolwiek oskarżeń; jednak nieznajomy, widząc zbliżającego się Petersona, uciekł zostawiając i kapelusz, i gęś. Peterson stał się właścicielem świątecznej gęsi, zaś Sherlock właścicielem starego kapelusza.

Podczas gdy słuchałem tej opowieści, na Baker Street pojawił się sam Peterson.

— Gęś, panie Holmes! Gęś! — krzyczał.

— Co z nią?

— Niech pan popatrzy, co było w środku ptaka!

Peterson stretched out his hand revealing a brilliantly shining blue stone.

'I suppose you know what you have got?' Sherlock asked him.

'It is a precious stone.'

'Not only it is a precious stone, it is the blue carbuncle that was stolen recently from the Countess of Morcar. The young plumber John Horner has been accused of this theft on the basis of the statement of James Ryder, the upper-attendant at the Hotel Cosmopòlitan. There is a reward for a person who finds and returns it.'

— Peterson wyciągnął rękę pokazując pięknie błyszczący niebieski kamień.

— Podejrzewam, że wiesz, z czym masz do czynienia? — spytał Holmes.

— To kamień szlachetny.

— To nie tylko kamień szlachetny — to błękitny karbunkuł, który niedawno skradziono księżnej Morcar. Młody hydraulik John Horner został oskarżony o tę kradzież na podstawie oświadczenia Jamesa Rydera, starszego lokaja w Hotelu Cosmopolitan. Jest nagroda dla osoby, która znajdzie i odda kamień.

So the mysterious hat then became the beginning of a new case. Sherlock ordered Peterson to buy a big fat goose and to put advertisements in every newspaper that a goose and a hat had been found, and the owner is welcome to collect his belongings that day at Baker Street.

Later on, at the exact time announced in the advertisement, a tall man appeared at the front door of Holmes' house. He introduced himself as Henry Baker.

'We have held onto your belongings for some time as we expected you to put an advertisement in the paper,' offered Sherlock as an explanation.

'I don't have much money, and I didn't intend to spend any more of it in an attempt to recover my loss,' came the reply.

'Indeed. We were also compelled to eat your bird.'

'You ate it?!'

'Yes, but we bought you a new one, hopefully as big and fat as the last one. We still have the remains of the old one if you wish to keep them.' Sherlock carefully observed the face of the stranger to see if his comments would have any effect, but Baker only laughed at the idea of taking away an eaten goose and simply took his belongings, thanked them for their kindness and left.

'So much for Mr Baker. He certainly didn't know much of the matter. He must be innocent.'

Sherlock continued his investigation by going to

Tak więc tajemniczy kapelusz stał się początkiem nowej sprawy. Sherlock kazał Petersonowi kupić dużą i tłustą gęś oraz zamieścić ogłoszenia w każdej gazecie, że znaleziono gęś i kapelusz, zaś właściciel proszony jest o zgłoszenie się po swoją własność na Baker Street o wyznaczonej godzinie. Nieco później, dokładnie o godzinie wyznaczonej w ogłoszeniu, przed drzwiami frontowymi domu Holmesa pojawił się wysoki mężczyzna. Przedstawił się jako Henry Baker.

— Trzymaliśmy pana własność przez pewien czas, bo oczekiwaliśmy, że to pan zamieści ogłoszenie w gazecie — wyjaśnił Sherlock.

— Nie mam zbyt wiele pieniędzy i nie miałem zamiaru wydawać ich na próbę odzyskania mojej zguby — usłyszeliśmy w odpowiedzi.

— Rzeczywiście. Niestety musieliśmy zjeść pana gęś.

— Zjedliście ją?

— Tak, ale kupiliśmy nową, mamy nadzieję, że tak samo dużą i tłustą jak pierwsza. Wciąż mamy resztki tej pierwszej, gdyby chciał je pan zatrzymać — Sherlock uważnie obserwował wyraz twarzy nieznajomego, by zobaczyć, czy jego słowa wywarły jakieś wrażenie, jednak Baker tylko roześmiał się na myśl o zabraniu zjedzonej gęsi i po prostu spakował swoje rzeczy, podziękował za uprzejmość i wyszedł.

— To tyle, jeżeli chodzi o pana Bakera. Na pewno nie zdaje sobie sprawy z niczego. Musi być niewinny.

Sherlock kontynuował badanie sprawy udając się

Covent Garden where he knew that only the best geese were sold. Before long, Sherlock and I found Mr Breckinridge, the man who apparently sold the finest birds. He turned out to be a very impatient type who became very aggressive when Sherlock started asking detailed questions about where he got the bird. It wasn't until Sherlock used his old trick by bribing a pound that he told us everything we needed to know. In the end, he showed us the full list of his suppliers from which we found out that the mysterious jewel fed goose had come from Mrs Oakshott's farm.

We were just about to leave for the farm when we heard a salesman shouting at a trembling figure of a man standing in front of him.

'Stop asking me about the geese! I've had enough of you and your stupid questions!'

'But one of them was mine!' begged the little man.

'Well, then, ask Mrs Oakshott for it!'

'But she sent me to talk to you!' he said, but the salesman had already walked away.

As we observed the whole situation, Sherlock decided that instead of going to Mrs Oakshott, we should talk to this man.

'Excuse me,' said Holmes, walking up to him, 'but I couldn't help overhearing what you gentlemen were talking about, and I think that I may be of assistance to you.'

'And who are you? And what do you know about this matter?'

do Covent Garden, gdzie sprzedawano najlepsze gęsi. Wkrótce Sherlock i ja odnaleźliśmy pana Breckinridge, człowieka, który podobno sprzedawał najlepszy drób. Okazał się być bardzo niecierpliwy i agresywny, gdy Sherlock zaczął zadawać szczegółowe pytania skąd wziął gęś. Dopiero, gdy Sherlock użył starego fortelu przekupując go jednofuntowym banknotem, pan Breckinridge powiedział nam wszystko, co chcieliśmy wiedzieć. Na koniec pokazał nam pełną listę swoich dostawców, z której dowiedzieliśmy się, że tajemnicza gęś karmiona klejnotami pochodziła z farmy pani Oakshott.

Już mieliśmy udać się na farmę, gdy usłyszeliśmy, jak sprzedawca krzyczy na roztrzęsionego człowieczka stojącego naprzeciw niego.

— Przestań pytać mnie o gęsi! Mam już dość ciebie i twoich głupich pytań!

— Ale jedna z nich była moja! — prosił człowieczek.

— No więc zapytaj o nią panią Oakshott!

— Ale ona odesłała mnie do pana — powiedział człowieczek, jednak sprzedawca już odszedł.

Gdy obserwowaliśmy całe zajście, Sherlock zdecydował, że zamiast jechać do pani Oakshott, porozmawiamy z tym człowiekiem.

— Przepraszam — powiedział Holmes podchodząc do niego — ale przypadkiem usłyszałem, o czym panowie rozmawiali i wydaje mi się, że mógłbym panu pomóc.

— A kim pan jest? I co pan wie o tej sprawie?

'My name is Sherlock Holmes, and my business is to know what other people don't know.'

The stranger seemed convinced by these words and accepted Sherlock's invitation to come to Baker Street.

'What is your name?' Sherlock asked him.

'Er ... er ... John Robinson,' he answered.

'And your real name ...?'

'Well ...,' the stranger said, turning an interesting shade of red, 'my name is James Ryder.'

'Head attendant at the Hotel Cosmopolitan.'

'How ... But how do you know...?'

'The game's up, Ryder. We know about your theft. There's no point denying anything." At this point Ryder turned rather pale and simply stood

— Nazywam się Sherlock Holmes i żyję z tego, że wiem to, czego nie wiedzą inni ludzie.

Wydawało się, że te słowa przekonały nieznajomego, który przyjął zaproszenie Holmesa na Baker Street.

— A jak pan się nazywa? — zapytał go Sherlock.

— Eee… John Robinson — odpowiedział.

— A pańskie prawdziwe nazwisko?

— No cóż…. — powiedział nieznajomy czerwieniąc się — nazywam się James Ryder.

— Kamerdyner w Hotelu Cosmopolitan.

— Skąd… Skąd pan wie…?

— Gra skończona, panie Ryder. Wiemy o pana kradzieży. Nie ma sensu zaprzeczać.

W tym momencie Ryder zbladł i po prostu stał

shaking in the corner of Sherlock's sitting room while Holmes retold the whole story. The Countess had been staying at the Hotel Cosmopolitan, and her maid had befriended Ryder and told him about the precious stone belonging to her lady. Together they had arranged a little trap, in which Ryder purposely broke something in the Countess' apartment and sent the poor plumber Horner to fix it. Right after Horner had left, Ryder came in to take the stone and to raise the alarm that the room had been burgled.

Then Ryder told us the part we didn't know of how the stone got into the goose. It turned out that Mrs Oakshott was, in fact, his sister, who fattened birds for the market. One day, when Ryder was visiting his sister, she offered him a bird as a Christmas present. He chose one with a barred tail as it would be easily recognisable and used it as a hiding place for the stone. The only fault he made at this time was not spotting that there was another goose with a barred tail, exactly the same as the one he had chosen.

When Mrs Oakshott sent all the geese to market, she was only too sure to keep the goose which she thought her brother had chosen. Ryder's happiness at collecting the goose soon disappeared when he discovered that the goose had no stone inside.

And you know the rest of this story ...

trzęsąc się w kącie pokoju Sherlocka, podczas gdy ten opowiedział całą historię. Księżna zatrzymała się w Hotelu Cosmopolitan, zaś jej służąca zaprzyjaźniła się z Ryderem i powiedziała mu o cennym kamieniu, który należał do jej pani. Razem obmyślili fortel polegający na tym, że Ryder celowo zepsuł coś w apartamencie księżnej i posłał po biednego hydraulika Hornera, aby to naprawił. Zaraz po wyjściu Hornera zjawił się Ryder, aby zabrać kamień i podnieść alarm, że ktoś włamał się do pokoju.

Następnie Ryder opowiedział nam część historii, której nie znaliśmy — jak kamień dostał się do brzucha gęsi. Okazało się, że pani Oakshott była jego siostrą, która tuczyła ptaki na targ. Pewnego dnia, gdy Ryder odwiedził siostrę, ta zaoferowała mu ptaka jako prezent bożonarodzeniowy. Wybrał gęś z łatą w poprzek ogona, żeby ją łatwo rozpoznać, i wykorzystał jako miejsce ukrycia klejnotu. Jedynym jego błędem było to, że nie zauważył innej gęsi z łatą w poprzek ogona, dokładnie takiej samej jak ta, którą wybrał.

Pani Oakshott, wysyłając wszystkie gęsi na targ pamiętała, aby zatrzymać tego ptaka, o którym myślała, że wybrał go jej brat. Radość Rydera po odebraniu gęsi szybko się ulotniła, gdy odkrył, że we wnętrznościach ptaka nie ma klejnotu.

A resztę historii już znacie...

VI. THE SPECKLED BAND

Early one April morning, I was woken by my friend Sherlock Holmes.

'Very sorry to wake you up so early,' said Sherlock. 'It's a client. It seems a young lady insists on seeing me. Young ladies do not generally go wandering alone at this hour of the morning, so it is sure to be something important and may turn out to be an interesting case.'

Sherlock introduced me and himself to the lady, who was dressed all in black with a veil covering her face. Sherlock immediately invited her to sit closer to the fireplace as she was shivering quite noticeably.

'Thank you, but it is not cold that makes me shiver, Mr Holmes. It's terror.' She then raised her veil revealing a face showing such fear that she looked as if she were a small animal being hunted down.

'Do not fear. We shall soon set matters right,' Holmes reassured her. The young lady then told her story. Her name was Helen Stoner, and she was the step-daughter of Doctor Roylott. This family used to be one of the richest in the country, but now the only thing left was a two-hundred-year old mansion and few acres of land.

VI. NAKRAPIANA PRZEPASKA

Pewnego kwietniowego poranka obudził mnie mój przyjaciel Sherlock Holmes.

— Bardzo przepraszam, że budzę cię tak wcześnie — powiedział Sherlock. — To klient. Wydaje się, że pewna młoda dama pragnie się ze mną zobaczyć. Młode damy z reguły nie spacerują samotnie o tej porze, więc na pewno będzie to coś ważnego i być może okaże się to interesujące.

Sherlock przedstawił mnie i siebie damie, która była cała ubrana na czarno, zaś jej twarz zakrywał welon. Sherlock natychmiast poprosił ją, aby usiadła bliżej kominka, bo wyraźnie dygotała.

— Dziękuję, ale to nie zimno sprawia, że drżę, panie Holmes. To strach — następnie uniosła welon ukazując twarz tak przerażoną, jakby była małym zwierzątkiem, na które polowano.

— Proszę się nie bać. Wkrótce wszystko wyjaśnimy — zapewnił ją Holmes. Młoda dama opowiedziała nam swoją historię. Nazywała się Helen Stoner, i była pasierbicą doktora Roylotta. Ta rodzina była jedną z najbogatszych rodzin w kraju, jednak teraz jedynym dowodem dawnego bogactwa był dwustuletni dwór oraz kilka akrów ziemi.

Doctor Roylott had spent his younger years in India where he had had a large medical practice, and there he met and married a young widow with two children: Julia and Helen. Shortly after they came back to England, Mrs Roylott died, leaving the Doctor so heart-broken that he abandoned all his work. As time passed, he became very bitter, disappointed, even aggressive. He had no friends other than the wandering gypsies he allowed to camp at his property. As for the two sisters, they had no-one else to look after them, and the only money they had was the money left by their mother, which the Doctor kept for them.

'So you can imagine what life we had, my sister and I. She was only thirty when she died, but her hair had already begun to whiten,' Helen continued.

'Your sister is dead, then?'

'Yes, she died two years ago, and, well, this is what it is all about. A few months before her death, she met a man who she fell in love with and intended to marry. When my father learned about this, he didn't object to it at all. Then, about two weeks before the wedding, something terrible happened which took the life of my one true relative.'

'Please, tell me every detail of this matter,' said Sherlock.

'In our mansion there is only one part where all

Doktor Roylott spędził młode lata w Indiach, gdzie miał wielu pacjentów oraz gdzie spotkał i poślubił młodą wdowę z dwójką dzieci: Julią i Helen. Wkrótce po powrocie do Anglii pani Roylott zmarła, zaś doktor był tak załamany, że przestał zupełnie pracować. Z upływem czasu stał się bardzo zgorzkniały, zamknięty w sobie, a nawet agresywny. Nie miał żadnych przyjaciół oprócz Cyganów, którym pozwalał pomieszkiwać na terenie swojej posiadłości. Co do sióstr, nie miały nikogo, kto by się nimi opiekował, zaś jedyne pieniądze, jakie posiadały, to pieniądze pozostawione przez matkę, które trzymał dla nich doktor.

— Może pan sobie wyobrazić życie, jakie wiodłyśmy, moja siostra i ja. Siostra zmarła w wieku zaledwie trzydziestu lat, jednak jej włosy już zdążyła przyprószyć siwizna — opowiadała dalej Helen.

— Pani siostra nie żyje?

— Tak, zmarła dwa lata temu i cała historia jest właśnie z tym związana. Kilka miesięcy przed śmiercią spotkała mężczyznę, w którym się zakochała i którego zamierzała poślubić. Kiedy mój ojciec się o tym dowiedział, nie miał nic przeciwko. Później, jakieś dwa tygodnie przed ślubem, wydarzyło się coś strasznego, co odebrało życie jedynej naprawdę bliskiej mi osobie.

— Proszę opowiedzieć nam wszystkie szczegóły tego wydarzenia — poprosił Sherlock.

— W naszym dworze zamieszkana jest tylko jedna

three of us live. There are three bedrooms on the ground floor, the first belonging to my father, the second was my sister's, and the last one is mine. There is no connecting door between them, but they all open out into the same corridor, and their windows open out onto the lawn. That fateful night, our step-father went to his room early, and Julia came into mine for a while. She didn't want to go to her own room because she so hated the strong smell of the Indian cigars that our father smokes. She also asked me a strange question, whether I had heard the sound of a whistle during the last few nights. I said I guessed it must have been the gypsies, but to tell you the truth, I myself wasn't sure. Anyway, later she went back to her room, and I heard the key turning in the lock.'

'Do you always lock yourself in at night?' asked Sherlock.

'Always, because my father kept a baboon and a cheetah walking freely on the grounds.'

'I understand. Please continue.'

'I couldn't sleep that night. The wind was howling outside, and the rain was beating against the windows, when suddenly I heard Julia scream the most horrible scream you can imagine. I'll never forget that sound for as long as I live. I jumped out of bed, and as I was opening my door, I was sure that I heard a little whistle and then the sound of something metal falling. I rushed into my sister's room

część — mieszkaliśmy tam we troje. Znajdują się tam trzy sypialnie na parterze, pierwsza należąca do ojca, druga, która należała do mojej siostry i trzecia moja. Pomiędzy pomieszczeniami nie ma żadnych łączących drzwi – każdy pokój posiada drzwi wychodzące na przedpokój, zaś okna wychodzą na trawnik. Tej strasznej nocy ojciec wcześnie poszedł do swojego pokoju, a Julia przyszła do mnie na chwilę. Nie chciała wracać do siebie, ponieważ nienawidziła zapachu hinduskich cygar, które pali ojciec. Zadała mi także dziwne pytanie – czy w ciągu kilku ostatnich nocy słyszałam dźwięk gwizdka. Powiedziałam, że to na pewno Cyganie, jednak tak naprawdę sama nie byłam pewna. Tak czy inaczej Julia poszła do siebie do pokoju, a ja usłyszałam, jak przekręca klucz w zamku.

— Czy zawsze zamykałyście się na noc? — zapytał Sherlock.

— Zawsze, ponieważ ojciec trzymał na terenie posiadłości pawiana i geparda.

— Rozumiem. Proszę kontynuować.

— Tej nocy nie mogłam zasnąć. Na zewnątrz wył wiatr, a deszcz uderzał o szyby. Nagle usłyszałam, że Julia krzyczy – był to najokropniejszy krzyk, jaki można sobie wyobrazić. Nigdy w życiu nie zapomnę tego dźwięku. Wyskoczyłam z łóżka i gdy otwierałam drzwi byłam pewna, że usłyszałam cichutki gwizd, a następnie dźwięk upadającego metalowego przedmiotu. Popędziłam do pokoju siostry

and saw her there, her face filled with fear and terror. She fell to the ground screaming: 'O, my God! Helen! It was the band! The speckled band!' She clearly wanted to say something else and pointed in the direction of the Doctor's room, but then she passed out and died shortly afterwards.' Helen stopped speaking for a moment as the memory of the tragedy brought tears to her eyes. 'The county coroner couldn't find any cause of death as there was no evidence of either violence or poison.'

i zobaczyłam ją z przerażoną twarzą. Upadła na ziemię krzycząc: „O mój Boże! Helen! To była przepaska! To była nakrapiana przepaska!" Widać było, że pragnie powiedzieć coś jeszcze, i wskazała w kierunku pokoju doktora, ale zaraz zemdlała i umarła wkrótce potem – Helen przerwała opowiadanie na chwilę, ponieważ wspomnienie tragedii wypełniło jej oczy łzami. – Miejscowy koroner nie znalazł przyczyny śmierci, ponieważ nie było żadnych znaków przemocy ani trucizny.

'Tell me, my dear,' Sherlock said calmly, 'are you sure about the whistle and the metallic sound?'

'I am fairly sure, but what with the storm, I don't know, maybe I was imagining it.'

During the two years following her sister's death, Helen had met somebody and was now engaged to be married before the end of the coming spring. In the meantime, some repairs were being made to the mansion, and Helen was forced to move to the bedroom of her late sister.

'Imagine how terrified I was yesterday when I heard the sound of a whistle, the very same sound I heard on the night of her death. So I got dressed immediately and came to see you this morning, Mr Holmes.'

Sherlock, who had been listening to the story very carefully, promised to visit the house in the afternoon when Doctor Raylott was to be out.

As promised, Sherlock and I met Miss Stoner in the mansion and started investigating. He checked the room where Julia had died and found a few mysterious things, such as a bell-rope used to communicate with the housekeeper's room hanging down beside the bed. This wasn't out of the ordinary, but what was strange was that this rope wasn't actually connected to the bell. Moreover, the bed was attached to the floor and couldn't be moved. There was also one more strange thing

— Powiedz mi, moja droga — powiedział Sherlock spokojnie — czy jesteś pewna, że słyszałaś gwizdek i metaliczny dźwięk?

— Jestem dosyć pewna, ale była burza, więc sama nie wiem, może tylko mi się wydawało.

W ciągu dwóch lat po śmierci siostry Helen także spotkała kogoś i była obecnie zaręczona — jej ślub zaplanowano pod koniec nadchodzącej wiosny. W międzyczasie we dworze dokonywano pewnych napraw i Helen zmuszona była przenieść się do sypialni zmarłej siostry.

— Proszę sobie wyobrazić moje przerażenie, gdy wczoraj usłyszałam dźwięk gwizdka — ten sam dźwięk, który słyszałam tamtej nocy, gdy ona umarła. Tak więc ubrałam się i natychmiast przyszłam się z panem zobaczyć, panie Holmes.

Sherlock, który słuchał opowiadania bardzo uważnie, obiecał odwiedzić Helen po południu, gdy doktor Roylott będzie poza domem.

Zgodnie z obietnicą Sherlock i ja odwiedziliśmy pannę Stoner we dworze i zaczęliśmy badanie. On sprawdził pokój, gdzie zmarła Julia i znalazł kilka tajemniczych rzeczy, jak choćby sznurek z dzwonkiem służący do wzywania służby zwisający przy łóżku. To znalezisko może nie było wyjątkowe, jednak dziwne było to, że sam sznurek nie był połączony z dzwonkiem. Ponadto, łóżko było przytwierdzone do podłogi, i nie można go było przesunąć. Była jeszcze jedna dziwna rzecz

– the ventilator was built to connect this bedroom with the Doctor's room instead of leading to the fresh air from outside.

The next thing Sherlock did was to examine the Doctor's room. It was very plainly furnished apart from a iron safe and a small saucer filled with milk. On the corner of the Doctor's bed was a kind of whip with a short rope and a small loop at the end. After these detailed examinations, Sherlock said to Helen Stoner:

'It is very essential, Miss Stoner, that you follow my advice in every respect.'

'I shall most certainly do so, Mr Holmes.'

'Very well then. Your life may depend on this. My friend and I have to spend the night in this room.'

Sherlock then told Helen to go to her sister's room as usual that evening, and as soon as the Doctor goes to his room, to put a candle in the window, go to her old bedroom and stay there, keeping the door locked.

That night, Helen did exactly as she was told. We hid close by where we could see the candle being placed in the window. This was our sign to move in. Sherlock and I entered quietly in the dark. I sat on the chair with my pistol ready, and Sherlock sat on the edge of the bed with the box of matches and some candles lying next to him. We stayed like this for what seemed like hours when suddenly

— wentylator łączył tę sypialnię z pokojem doktora, zamiast pobierać świeże powietrze bezpośrednio z zewnątrz.

Następną rzeczą, jaką zrobił Holmes, było zbadanie pokoju doktora. Był on umeblowany bardzo skromnie — znajdował się tam żelazny sejf oraz malutki talerzyk wypełniony mlekiem. W rogu łóżka doktora znajdował się bat z krótkim sznurkiem zakończonym pętlą. Po tym uważnym badaniu Sherlock powiedział do Helen Stoner:

— Jest niezwykle ważne, aby posłuchała pani mojej rady, i to w każdym detalu.

— Na pewno tak zrobię, panie Holmes.

— Bardzo dobrze. Od tego zależy pani życie. Mój przyjaciel i ja musimy spędzić noc w tym pokoju.

Następnie Sherlock nakazał Helen, aby jak co wieczór poszła do pokoju siostry i gdy tylko doktor uda się do swojego pokoju, postawiła w oknie świecę, poszła do swojej starej sypialni i pozostała tam, zamknąwszy drzwi na klucz.

Tej nocy Helen zrobiła wszystko dokładnie tak, jak miała. Ukryliśmy się niedaleko w miejscu, z którego widzieliśmy, jak świeca pojawia się w oknie. Był to znak dla nas. W ciemnościach weszliśmy z Sherlockiem cicho do domu. Ja siadłem na krześle z odbezpieczonym pistoletem, zaś Sherlock usiadł na skraju łóżka z pudełkiem zapałek i świecami, które trzymał pod ręką. Trwaliśmy tak przez wiele godzin, jak nam się wydawało, gdy nagle

we heard some movements in the Doctor's room and saw some light through the ventilator. This was followed by a sound similar to the sound of steam escaping from a kettle. Immediately Holmes struck a match and rushed to the bell-rope.

'Did you see it, Watson?' he yelled. Then came a scream of pain like no other from the other room.

'What can it mean?' I asked.

'It means that it is all over. Take your pistol, we are going to Doctor's room.'

usłyszeliśmy ruch w pokoju doktora i zobaczyliśmy światło przez otwór wentylacyjny. Po chwili usłyszeliśmy dźwięk przypominający odgłos pary uchodzącej z czajnika. Holmes natychmiast zapalił zapałkę i podbiegł do sznurka przy łóżku.

— Widziałeś to, Watsonie? — krzyknął. Następnie z pokoju obok dobiegł nas okropny krzyk bólu.

— Co to znaczy? — zapytałem.

— To znaczy, że już po wszystkim. Weź swój pistolet, wchodzimy do pokoju doktora.

In the room we found the Doctor's body with his eyes fixed in a blank stare and with a yellow band covered with brownish speckles around his neck and head.

'The speckled band,' whispered Holmes.

As we got closer, the head of giant yellow snake appeared from behind the head of the dead Doctor.

'It is a swamp adder, the most dangerous snake in India. The Doctor couldn't have lived for more than ten second after being bitten.' Sherlock used the small loop of the whip to catch the animal and put it back into the iron safe.

He then explained how he had solved the whole mystery. The marriage of each of the daughters would mean that the money they had would be split between them, and the money left for the Doctor would be much smaller. Therefore, he decided to overcome the problem by killing Julia when she decided to get married and to do the same with Helen. The ventilator was for the snake to go into the middle bedroom, and then it used the bell-rope to get down to the bed. That night, when Sherlock saw the snake coming down the rope, he put a burning match to its head, and the angry animal rushed back to the Doctor's room and attacked the first person it saw.

And this is how this dangerous game ended for Doctor Roylott.

W pokoju znaleźliśmy ciało doktora z oczyma patrzącymi martwym wzrokiem oraz żółtą przepaską z brązowymi plamkami owiniętą wokół jego szyi i głowy.

— Nakrapiana przepaska — wyszeptał Holmes.

Gdy się zbliżyliśmy, głowa ogromnego żółtego węża wyjrzała zza głowy martwego Doktora.

— To żmija bagienna, najbardziej niebezpieczny wąż w Indiach. Doktor zmarł po dziesięciu sekundach od chwili ukąszenia. — Sherlock skorzystał z małej pętli bicza, aby złapać zwierzę i włożyć je z powrotem do żelaznego sejfu.

Następnie wytłumaczył, jak rozwiązał zagadkę. Małżeństwo każdej z sióstr oznaczałoby, że pieniądze, które do nich należały zostałyby podzielone, zaś fundusze doktora znacznie uszczuplone. Dlatego zdecydował się rozwiązać problem zabijając Julię, gdy ta postanowiła wyjść za mąż, oraz zrobić to samo z Helen. Otwór wentylacyjny pozwalał wężowi na przedostanie się do środkowego pokoju, zaś sznurek z dzwonkiem umożliwiał mu zsunięcie się na łóżko. Tej nocy, gdy Sherlock zobaczył jak wąż zsuwa się po sznurku, przyłożył do jego głowy palącą się zapałkę, zaś rozzłoszczone zwierzę wróciło do pokoju doktora i zaatakowało pierwszą osobę, którą zobaczyło.

I tak oto zakończyła się niebezpieczna gra doktora Roylotta.

VII. THE ENGINEER'S THUMB

Soon after I got married, my wife and I moved to a house very near to Paddington Station and this is where I had my medical practice. One morning I was woken early by one of my maids to tell me that I had a patient waiting for me downstairs. I got dressed and went downstairs to find a man of about twenty-five who looked so pale and in such shock that I knew this wasn't an ordinary problem. He had a handkerchief wrapped round one of his hands which was covered with bloodstains.

'I am sorry to wake you up so early, Doctor,' he said. 'But I had a very serious accident during the night, and I came here straight off the night train. My name is Victor Hatherley.'

'I regret that I have kept you waiting after such a tiring and monotonous journey,' I replied.

'I could hardly call this night monotonous.' He then started laughing as if in a state of a shock, so I poured him some water, added a bit of whiskey and told him to drink up. As the colour began to return to his cheeks and he started to relax, I unwrapped his hand and looked horrified at the sight in front of me.

VII. KCIUK INŻYNIERA

Zaraz po ślubie moja żona i ja przeprowadziliśmy się do domu w pobliżu dworca Paddington; miałem tam swój gabinet lekarski. Pewnego ranka obudziła mnie jedna ze służących, która oznajmiła, że na dole czeka na mnie pacjent. Ubrałem się i zszedłem na dół, gdzie zastałem mężczyznę w wieku około dwudziestu pięciu lat, który był tak blady i w takim szoku, że czułem, że nie jest to zwykła sprawa. Mężczyzna trzymał chusteczkę zawiązaną wokół jednej ręki — była ona pokryta plamami krwi.

— Przepraszam, że budzę pana tak wcześnie, doktorze — powiedział. — Ale w nocy miałem bardzo poważny wypadek i przyszedłem tutaj prosto z nocnego pociągu. Nazywam się Victor Hatherley.

— Żałuję, że musiał pan na mnie czekać po tak męczącej i monotonnej podróży — odpowiedziałem.

— Nie mogę powiedzieć, aby ostatnia noc była monotonna — i wybuchnął śmiechem, jak gdyby był w stanie szoku, więc nalałem mu wody, dodałem trochę whiskey i powiedziałem, aby to wypił. Gdy kolor zaczął powracać na jego policzki, i gdy się nieco rozluźnił, rozwiązałem chusteczkę i spojrzałem przerażony na jego rękę.

He had four fingers and a horrible red sponge-like surface where his thumb had been. It was as if it had been torn out.

'Good God! What happened? It must have bled horribly!'

'It did. I fainted after the accident and was unconscious for a long time. But when I came round, I wrapped the handkerchief tightly around my wrist.'

'Very wise of you. It must have been a sharp instrument ...'

'Like a cleaver.'

'An accident, I presume?'

'An attempted murder, actually.'

I cleaned the wound and dressed it with clean bandages. The poor man thanked me and said that he had better go and see a police officer to state what had happened to him. Instantly I offered to arrange a meeting with Holmes for him if he really wished his case to be solved. As such, we went round to see Holmes and joined him for breakfast.

It turned out that Mr Hatherley had a small practice as a hydraulic engineer, but he had recently had very few clients and was thinking about closing the business. But one day just before closing time, he had a visitor who introduced himself as Colonel Lysander Stark. He was a very thin man who spoke with a German accent. His offer was a simple, but unusual one. He wanted

Miał cztery palce i okropną czerwoną, gąbkowatą
dziurę tam, gdzie powinien być kciuk. Wydawało
się, że jego kciuk został wyrwany.
— Dobry Boże! Co się stało? Rana na pewno bardzo krwawiła!
— Tak. Zemdlałem po wypadku i byłem nieprzy-
tomny przez długi czas. Ale gdy oprzytomniałem,
zawiązałem chusteczkę ciasno wokół nadgarstka.
— Bardzo mądrze z pana strony. To musiało być
jakieś ostre narzędzie...
— Na przykład tasak.
— Wypadek, jak mniemam?
— Właściwie była to próba morderstwa.
Oczyściłem ranę i założyłem czyste bandaże. Bie-
dak podziękował mi i powiedział, że lepiej pójdzie
poszukać jakiegoś policjanta, aby opowiedzieć
o tym, co mu się przydarzyło. Natychmiast zaofe-
rowałem zaaranżowanie spotkania z Holmesem,
jeżeli naprawdę pragnął wyjaśnienia sprawy. Poszliśmy więc zobaczyć się z Sherlockiem i zjedliśmy
razem z nim śniadanie.

Okazało się, że pan Hatherley prowadził małą
firmę hydrauliczną, jednak ostatnio miał niewie-
lu klientów i przemyśliwał jej zamknięcie. Pewnego dnia, tuż przed zamknięciem zakładu, zjawił
się u niego gość, który przedstawił się jako pułkownik Lysander Stark. Był to bardzo szczupły
mężczyzna, który mówił z niemieckim akcentem.
Jego oferta była prosta, choć niezwykła. Chciał, by

Mr Hatherley to visit his house that very night to fix a hydraulic press, which was used, as the Colonel said, to make earth into bricks. The payment he promised was a generous fifty guineas, partly because he would have to travel out of town, but also because the matter was to be kept strictly silent.

Young Hatherley accepted this unusual proposition and took the night train to meet his employer at Eyford station. The journey from the station took them over an hour, but they finally arrived at a dark house in the middle of nowhere. They were welcomed by a frightened woman who said something in German to the Colonel. The Colonel asked the engineer to wait patiently and then disappeared. The woman held up a finger to tell Hatherley to keep quiet and said in broken English:

'You should not stay here. I would go. You have time. Go from here before it is too late!' But at the sound of two men approaching, she quickly left.

The men were the Colonel and another man, short and fat, who was introduced as the Colonel's secretary, Mr Ferguson. They went together to the machine and ended up in a small chamber where only two of them could get in at a time. It was the press itself. Mr Hatherley took an oil lamp and examined the press thoroughly and soon recognised by the sound it made

pan Hatherley przychodził do jego domu każdego wieczoru aby naprawić prasę hydrauliczną, która była używana, jak twierdził pułkownik, do formowania cegieł z gliny. Płatność, jaką obiecał, była sporą sumą pięćdziesieciu gwinei — częściowo dlatego, że musiałby wyjeżdżać z miasta, ale też dlatego, że sprawa miała być trzymana w zupełnej tajemnicy.

Młody Hatherley przyjął tę niezwykłą propozycję i wsiadł do nocnego pociągu, aby spotkać się z pracodawcą na stacji Eyford. Podróż ze stacji zajęła im ponad godzinę, aż wreszcie dojechali do ciemnego domu na zupełnym pustkowiu. Przywitała ich przestraszona kobieta, która powiedziała coś do pułkownika po niemiecku. Pułkownik poprosił inżyniera, by zaczekał cierpliwie, a potem zniknął. Kobieta podniosła do ust palec wskazując, że należy być cicho i powiedziała łamanym angielskim:

— Nie powinien pan tu zostawać. Ja bym wyjechała. Zdąży pan. Proszę iść, póki nie jest za późno — i szybko zniknęła, słysząc zbliżających się dwóch mężczyzn.

Byli to pułkownik oraz drugi człowiek, niski i gruby, który został przedstawiony jako sekretarz pułkownika, pan Ferguson. Wszyscy razem poszli do maszyny i znaleźli się w niewielkim pomieszczeniu, w którym mogły zmieścić się tylko dwie osoby. Tam znajdowała się prasa. Pan Hatherley wziął lampę oliwną, uważnie zbadał prasę i wkrótce zorientował się na podstawie wydawanych przez nią dźwięków,

that there must be a slight leakage. He then took a closer look at the chamber and noticed a layer of metallic deposit all over the floor. It was then that he realised that they were not using the machine for making bricks.

'I can't believe you tricked me into coming all this way! I know exactly what you are using this machine for, and I know it's not legal!' The engineer said to the Colonel.

'Very well then. Since you know the machine so well, you can get to know it better,' the Colonel replied, and before Mr Hatherley realised it, the Colonel had jumped out, locked the door and turned on the machine. The ceiling of the chamber began to slowly come down on him. What could he do?

że gdzieś musi być niewielki wyciek. Następnie bliżej przypatrzył się pomieszczeniu i zauważył warstwę metalicznego osadu na podłodze. Wtedy zorientował się, że maszyna nie była wykorzystywana do wytwarzania cegieł.

— Nie mogę uwierzyć, że podstępem zmusił mnie pan do przyjazdu aż tutaj! Wiem dobrze, do czego wykorzystujecie tę maszynę i wiem, że jest to nielegalne! — powiedział inżynier do pułkownika.

— Bardzo dobrze. Skoro zna pan tak dobrze tę maszynę, może pan poznać ją lepiej — odrzekł pułkownik i zanim pan Hatherley zorientował się, co się dzieje, wyskoczył z pomieszczenia, zamknął drzwi i włączył maszynę. Sufit pomieszczenia zaczął się powoli obniżać. Co mógł zrobić?

The engineer quickly looked around and noticed that the walls were made of wood. He then found that one of the wooden panels actually opened out into another room and, moving as quickly as possible, he managed to escape just before the machine squeezed him to a pulp.

He was now alone in a narrow corridor with a stone floor, but just then the woman who had tried to advise him to leave suddenly appeared. She quickly tried to show him the best way to get out, but they could hear the Colonel and the other man running towards them. He had no option but to try and jump out of the window. It was quite high, so he lowered himself down, holding onto the window ledge. Just as he was about to let go, he heard the woman shouting.

'Fritz, no! You said it won't happen again!'

'Let me pass, I say!' He pushed her away and jumped towards the window with a cleaver in his hand.

When Hatherley realised what had happened, he was lying down in the garden with one of his hands bleeding heavily. He passed out at the sight of it, only to come round in the train station. He had no idea how he had got there but was thankful to be alive. He wrapped his hand in a handkerchief and took the first train back to London.

After he had finished this incredible story, Sherlock took him directly to Scotland Yard, and then, together with two of their officers, we all went to Oxfordshire to find the criminals.

Inżynier szybko rozejrzał się dookoła i zauważył, że ściany były zrobione z drewna. Potem zobaczył, że jeden z drewnianych paneli skrywa przejście do innego pomieszczenia; poruszając się tak szybko, jak było to możliwe, inżynier w ostatniej chwili uciekł, unikając zmiażdżenia przez maszynę.

Był teraz w wąskim korytarzu z kamienną podłogą — i wtedy nagle pojawiła się kobieta, która doradziła mu ucieczkę. Próbowała szybko wskazać mu najlepszą drogę ucieczki, jednak w oddali słychać było odgłos kroków pułkownika i drugiego mężczyzny. Hatherley nie miał innego wyboru, jak tylko wyskoczyć przez okno. Było dosyć wysoko, więc zniżył się, przytrzymując się parapetu. W momencie, gdy miał się puścić, usłyszał, jak kobieta krzyczy.

— Fritz, nie! Mówiłeś, że to się już nie powtórzy!

— Daj mi przejść, mówię! — odepchnął ją i skoczył w stronę okna z tasakiem w ręku.

Gdy Hatherley zorientował się, co się stało, leżał w ogrodzie, a jedna z jego rąk mocno krwawiła. Zemdlał na ten widok, i ocknął się dopiero na stacji kolejowej. Nie miał pojęcia, jak się tam dostał, jednak był bardzo szczęśliwy, że żyje. Zawinął rękę w chusteczkę i wsiadł do pierwszego pociągu do Londynu.

Gdy skończył opowiadać tę niewiarygodną historię, Sherlock zabrał go do Scotland Yardu, a potem razem z dwoma policjantami pojechaliśmy wszyscy do Oxfordshire, aby odnaleźć przestępców.

Later when we reached Eyford station, we saw a cloud of smoke coming up from behind the trees in the distance. We rushed towards the scene of the fire and discovered that the house where the engineer had escaped from the night before was in flames. Sherlock said that the oil lamp that the engineer had been using in the chamber was the most likely cause of the fire. He also managed to find evidence to suggest that Hatherley was taken to the station by the mysterious woman and the short fat man. From Sherlock's analysis, the police were able to say that the men were, in fact, forgers of silver coins, wanted by the police for many years.

The three criminals escaped without a trace, and it was the last we heard of them since all evidence of them and their business disappeared up in smoke.

Gdy dotarliśmy do stacji Eyford, zobaczyliśmy kłęby dymu wydobywające się zza drzew rosnących w oddali. Podążyliśmy na miejsce i odnaleźliśmy dom, z którego inżynier uciekł w nocy – stał w płomieniach. Sherlock powiedział, że lampa olejna, z której inżynier korzystał w pomieszczeniu z prasą najpewniej spowodowała pożar. Udało mu się także znaleźć dowody, że Hatherley został przetransportowany na stację przez tajemniczą kobietę i niskiego grubego mężczyznę. Z analizy Sherlocka policja wywnioskowała, że mężczyźni byli poszukiwanymi od wielu lat fałszerzami srebrnych monet.

Trzej kryminaliści uciekli nie zostawiając żadnego śladu; nie słyszeliśmy już o nich więcej, jako że wszelkie dowody ich działalności zniknęły w płomieniach.

CONTENTS

SPIS TREŚCI

Wszystkie tytuły z serii *Czytamy w oryginale:*

Moby Dick – Moby Dick

The Last of the Mohicans – Ostatni Mohikanin

Dracula – Drakula

Lord Jim – Lord Jim

Three Men in Boat – Trzech panów w łódce

Robinson Crusoe – Robinson Crusoe

The Secret Garden – Tajemniczy ogród

The Adventures of Tom Sawyer – Przygody Tomka Sawyera

The Adventures of Sherlock Holmes – Przygody Sherlocka Holmesa

Alice's Adventures in Wonderland – Alicja w krainie czarów

Treasure Island – Wyspa Skarbów

Gulliver's Travels – Podróże Guliwera

The Wonderful Wizard of Oz – Czarnoksiężnik z Krainy Oz

White Fang – Biały Kieł

Sense and Sensibility – Rozważna i romantyczna

Pollyanna – Pollyanna

Peter Pan – Piotruś Pan

A Christmas Carol – Opowieść wigilijna

Więcej informacji na www.44.pl